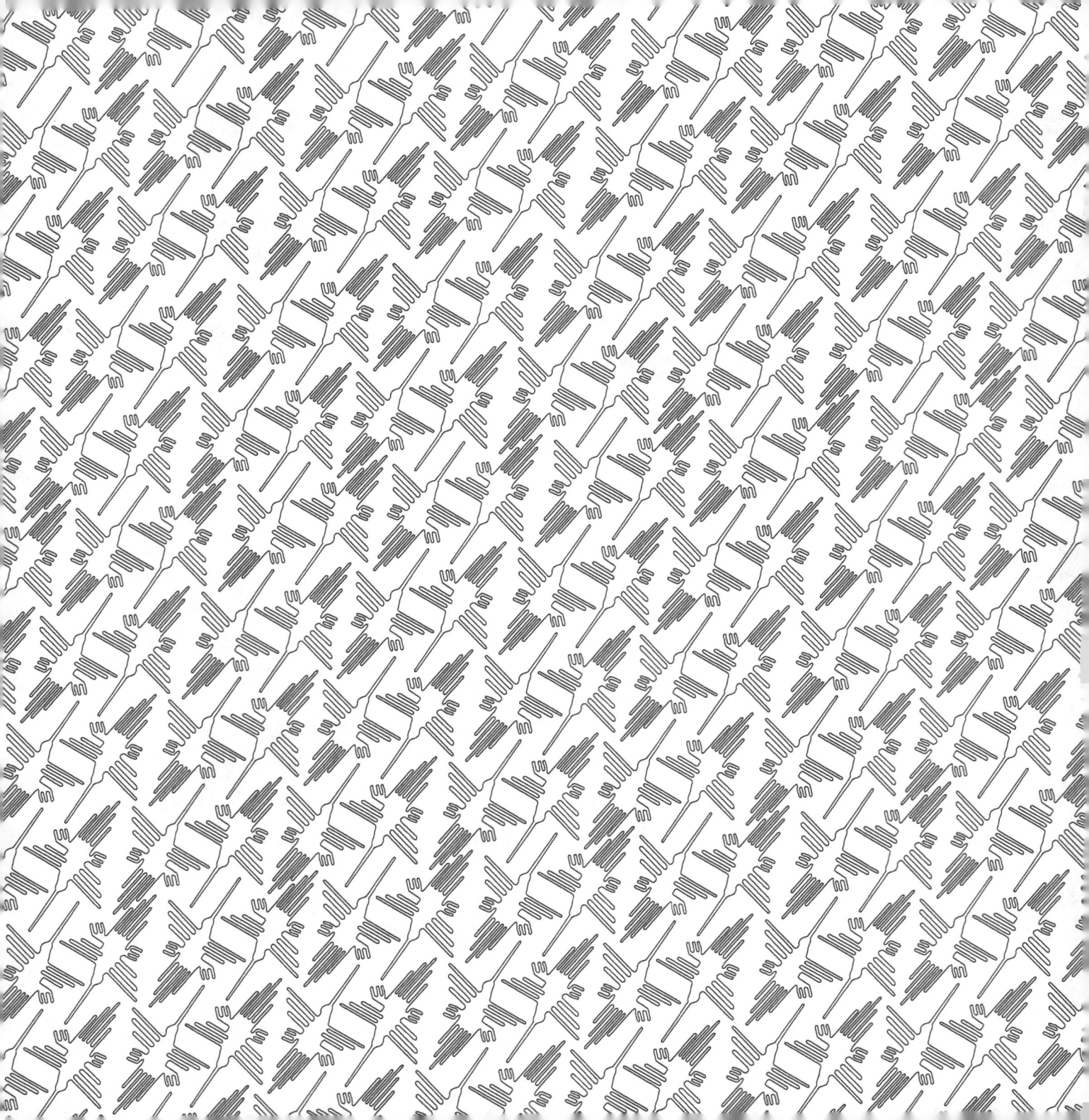

El colibrí y el narval

un cuento ilustrado por
Annie Higbee

Traducido por Natalia Sepúlveda

El colibrí y el narval
un cuento ilustrado por
Annie Higbee
Traducido por Natalia Sepúlveda

Traductora: Natalia Sepúlveda
Diseñadora gráfica: Gabriela Díaz Arellano
Primera edición en inglés, 2023
Número de control de la Biblioteca del Congreso: 2024919497
ISBN 979-8-9850283-4-8

www.hummingbirdnarwhal.com

Esta página está dedicada a todas las criaturas del planeta tierra.

Que todos aprendamos a escuchar y a respetar profundamente los vastos y diferentes mundos que compartimos con otros en este planeta redondo, y que celebremos la hermosura de cómo todos estamos conectados.

Por favor comparta este viaje y este mensaje con sus seres queridos.

Para: _____

De: _____

Fecha: _____

La magia del don de la bondad.

CAPÍTULO 1

En el soleado hemisferio sur, el colibrí flotaba sobre la brillante flor roja para sorber el dulce néctar que ofrecía. Sus alas de colores iridiscentes aleteaban tan rápido que era sólo una mancha borrosa... un murmullo de zumbidos. Ella permanecía invisible y solo era escuchada por los que querían escuchar.

—¡Buenos días, mundo! —dijo a través de su canto.

Revoloteando de flor en flor y sumergiendo su largo pico dentro de ellas para recoger y esparcir el néctar, continuó con el don de la generosidad y bondad que comparten los colibríes y las flores.

Las flores dependen de los colibríes para llevar y compartir su néctar, y así nuevas flores se reproduzcan. Estas devuelven el favor proporcionando a los colibríes, su único alimento, ¡el dulce néctar y la energía que necesitan para volar! Ambos han compartido esta promesa común por tanto tiempo que sus formas son simétricas: el largo pico del colibrí encaja perfectamente dentro de la flor en forma de embudo.

Y con su recíproca gentileza, juntos generan un don invisible aún mayor: la creación del aire para que todas las criaturas puedan respirar.

Ese es el regalo mágico que sucede con la bondad.

Al otro lado del planeta grande y redondo, en las latitudes nórdicas, el narval, bajo la superficie de las aguas heladas del Ártico, también comenzaba su día. El narval es raramente visto y poco conocido, una ballena gigantesca con aletas, cola y un cuerno largo y retorcido que sobresale de su nariz. Tiene una piel incolora que se mimetiza y desaparece en su entorno.

Bajo la superficie, el narval hace sonidos de chasquido, crea vibraciones, y genera ecos, produciendo reverberaciones. Envía estos mensajes sonoros para localizar lo que está ante él. La forma de los objetos rebotan hacia él, como un eco visual que da forma al sonido. Así también se conecta con su grupo familiar y con otros, en el oscuro mundo submarino.

Sintiéndose particularmente solo este día, el narval se dirigió al universo y dijo:
—¡Hola! ¿Hay alguien ahí fuera escuchando?

El sonido onduló perfectamente en círculos.

Esperó alguna respuesta. Se sentía solo y perdido en silencio en la profunda oscuridad del océano.

Sin saber por qué nadie le estaba respondiendo, siguió nadando y buceando con ansiedad, enviando un mensaje tras otro y volviendo a subir a la superficie donde el agua se encuentra con el aire, para asi recuperar el aliento.

Anhelaba la compañía de su familia, el grupo de narvales conocido como una bendición, no muy diferente a una bandada de aves o un banco de peces.

Silbó de nuevo, enviando el grito de un corazón solitario. Su soledad sonó en forma de ondas y se extendió largas distancias a través de las corrientes sonoras del agua.

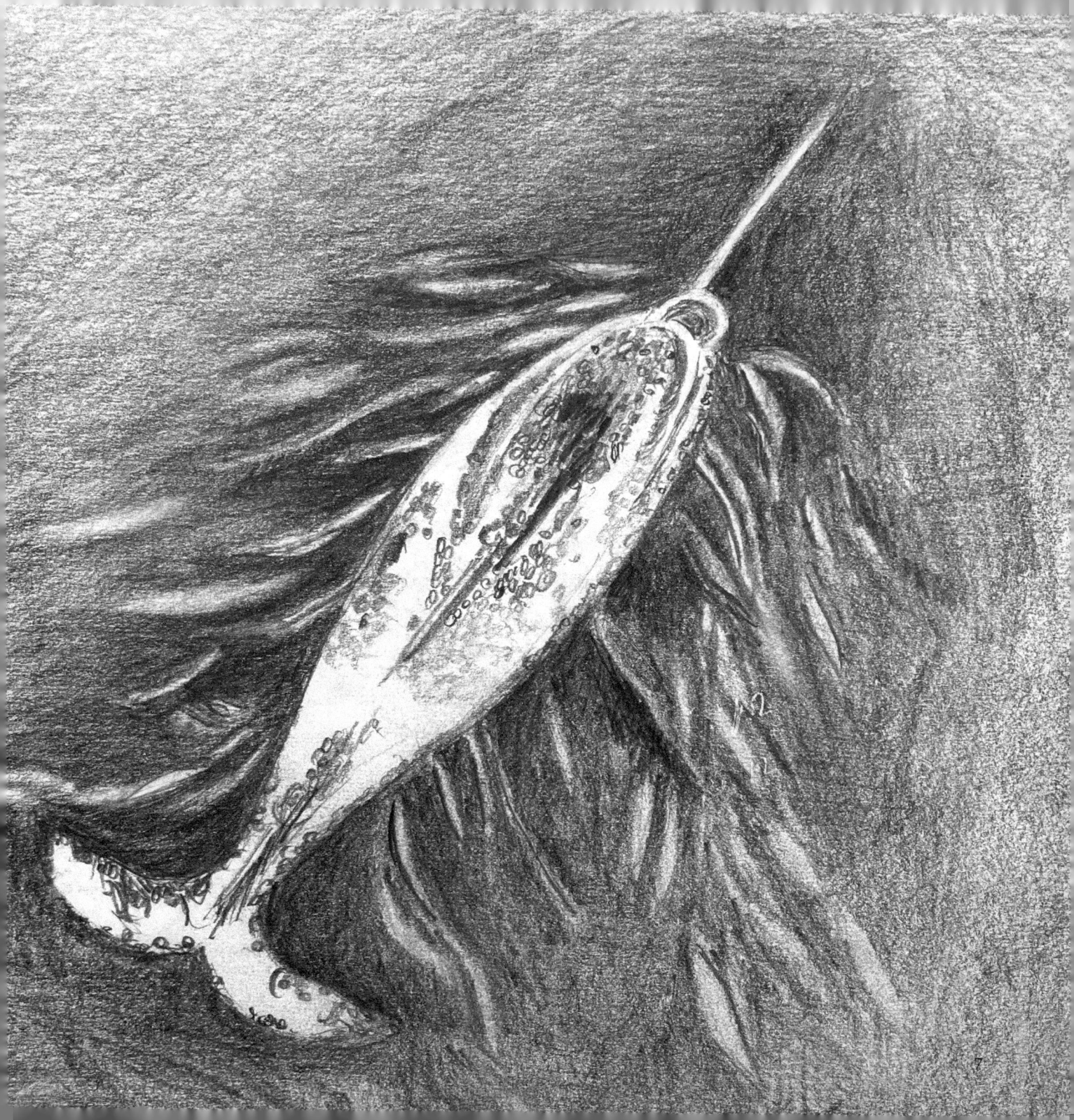

CAPÍTULO 2

Mientras

tanto, cerca de México, en la otra mitad de la esfera del mundo, el colibrí se dio cuenta que los primeros días de primavera se estaban haciendo más largos al observar la inclinación del sol. Como cada un año, había llegado el momento de hacer el largo viaje hacia el norte, hacia Maine, cruzando el océano abierto hasta el lugar donde quienes lo visitan pueden encontrar el néctar más dulce en la Tierra.

Voló sola, y con todas sus fuerzas, batió sus diminutas alas de 15 a 80 latidos por segundo. Solo un pequeño punto, una mancha indefinida en el cielo.

Voló todo el día y hasta el atardecer, seguido por la estrella más brillante y luego por otra, y otra, hasta formar un rastro de luces que centelleó todo el camino hasta que el sol de la mañana se asomó por encima del horizonte.

—¡Buenos días, mundo! —exclamó ella.

Este nuevo día de migración se ensombreció rápidamente cuando las nubes oscurecieron el camino, y el viento azotó y sopló tan fuerte que el pequeño colibrí no pudo mantener el rumbo. Grandes ráfagas la empujaron más lejos y más hacia al norte mientras rasgaban sus pequeñas alas. Estaba preocupada de ser arrojada al mar.

Estaba asustada y sola, y a medida que oscurecía y hacía más frío, ella perdió rápidamente su energía. Se miró las alas para ver si podía bajar y no hundirse en el agua. No podía ver nada debajo de ella, pero podía oír un estruendo que se agitaba en una mezcla de olas y agua en retroceso.

A centímetros de su lugar de aterrizaje, descubrió que sentía el movimiento de un iceberg flotando en medio del océano. Aterrizó torpemente y dio un profundo suspiro de alivio.

Exploró sus alrededores: los témpanos blancos y grises, las olas oscuras del océano negro, los cielos grises y la niebla. Mojada y sin vuelo, la colorida colibrí se sentía tan fuera de lugar; lloró en silencio, con su ligero corazón latiendo rápido y sin fuerza.

Anhelando que alguien le hiciera compañía, finalmente se quedó dormida en el mundo incoloro del Ártico.

Con la luz de la mañana, las plumas del colibrí comenzaron a secarse. Batió sus alas lentamente. A trompicones se elevó y, con un estallido de vibraciones, girando en el aire (lo suficientemente alto para lograr una vista de pájaro) se dirigió desde el iceberg hacia el mar.

Por kilómetros y kilómetros, no podía ver nada más que el mar gris y los témpanos de hielo. La distancia era desalentadora. Sin color, sin tierra. Echaba de menos su hogar de verano, la tierra del perfumado y colorido néctar. Esperaba encontrar algo reconfortante pronto.

Mientras el colibrí aleteaba, la vibración de sus alas enviaba ráfagas de aire, como líneas punteadas, hacia abajo a través de la superficie del agua.

Su aleteo creaba líneas onduladas que se tocaban donde el aire y el agua se encuentran en la superficie. Así se comunicaba con lo desconocido.

Enviaba un mensaje aéreo, un susurro, un deseo.

—¿Hay alguien ahí fuera? —reverberó usando su mensaje ondeante.

Una forma familiar apareció en el agua mientras flotaba sobre ella, parecía más imponente, mucho más extensa. Tenía dos alas, una cola, y un largo cuerno en la nariz.

—¿Ese es mi reflejo? —se preguntó.

—¡Eh! —gritó el colibrí, enviando otro mensaje entre el aire y el agua. Batiendo sus alas tan rápido que creó otro conjunto de ondas en la superficie del océano.

La torneada figura en el agua inclinó la cabeza para escuchar. Un ojo colosal se asomó justo por encima de la superficie.

Perplejo también por las vibraciones, la criatura pensó:
«¿Qué fue eso? ¡Se parece a mí, pero es mucho, mucho más pequeño!»

Bien equipado para escuchar, el narval subió el volumen de sus herramientas de ondas sonoras. Luego contuvo la respiración para ver si el débil canto era algo a lo que debía prestar atención.

Pero no escuchó ningún sonido. Ninguna respuesta.

—Debo estar imaginando cosas —dudó.

Mientras los rayos de luz brillaban como diamantes en el ondulante mar, el narval señaló su cuerno retorcido hacia el cielo, simplemente disfrutando de ser un narval.

El colibrí, cansado de flotar, de enviar mensajes y de no obtener respuesta, vio una rama que sobresalía del agua. Parecía moverse extrañamente arriba y abajo e incluso desapareciendo de un momento a otro. Sin embargo, el colibrí estaba cansado, así que aterrizó y se agarró al palo.

—¿Holaaa?, ¿holaaaa? —preguntó el narval.

El colibrí se sintió sacudido por el fuerte 'Hola' que vibraba a través de l agua y el aire. Se estremeció a través de su pequeño cuerpo etéreo como un volcán.

—¿Hola? —preguntó el colibrí mirando tímidamente—. ¿Quién está llamando?

—Soy yo; soy un narval: soy conocido por mi tribu como 'El que apunta al cielo' —respondió.

—No me di cuenta de que había una criatura unida a este palo —dijo el colibrí lleno de sorpresa—. ¿Siempre nadas con un palo en la frente?

—¿Estás hablando de mi cuerno? —preguntó el narval.

—Quieres decir —aclaró el colibrí—, ¿que hay más de ti más allá de este palo?

—Sí, la mayor parte de mi cuerpo está bajo el agua, y soy una ballena —respondió el narval—. Acabas de aterrizar en mi largo cuerno retorcido.

—¿Quién y qué eres, pequeña? —dijo el narval.

—Soy un colibrí —respondió—. Vuelo por encima de la superficie y a través del aire de flor en flor. Sumerjo mi largo pico dentro de cada una para beber y compartir el néctar y que haya más flores coloridas que produzcan oxígeno para que las criaturas puedan respirar.

—¿Una flor? —preguntó el narval.

—Sí, por supuesto, una flor es la parte colorida de una planta que crece fuera del suelo —explicó el colibrí—. Florece con hermosos colores cuando está lista para compartir su néctar. Por eso mi pico es tan largo, para llegar dentro de las flores por el néctar. ¡La forma de tu largo cuerno es como el mío! ¿Qué hace el tuyo?

—¡No lo sé! —contestó el narval—. Esta cosa retorcida parece que se interpone en mi camino, y otras ballenas y criaturas del mar se burlan de nosotros porque nuestros cuernos son tan largos. Solo señaló con el mío hacia el cielo con la esperanza de conocer mi propósito en la vida.

—Sé lo que es sentirse perdido y sin saber mucho —dijo el colibrí.

15

—Me desvíe del curso en —dijo una tormenta durante mi migración anual desde México a Maine, y aquí estoy en la tierra del blanco y negro —dijo el colibrí con un suspiro.

—Sí, puedo ver que por tus colores brillantes no perteneces aquí —dijo el narval—. ¿Y qué quieres decir con 'migración anual'?

—Bueno —contestó el colibrí—, nosotros los colibríes movemos nuestras casas estacionalmente. La luz y la temperatura del clima nos ayudan a sobrevivir.

—Nosotros también migramos y dependemos de la temperatura del agua y las estaciones para encontrar peces —dijo el narval y añadió un poco triste—. Los narvales suelen migrar juntos, pero de alguna manera me separé de mi bendición familiar.

—No sabía que un grupo de narvales se llama bendición —dijo el colibrí—. ¡Conozco otro significado de la palabra bendición! ¡Es una bendición conocerte! Tenía la esperanza de conocer a alguien, y me estaba preocupando que no iba ser tan afortunada.

—También me alegra conocerte —dijo el narval—. Podemos hacernos compañía.

—¡Sí! —dijo el colibrí—, y cuando vuelo alto en el cielo, puedo ver muy lejos, y mis alas me elevan hacia el mundo mágico. Desde esa perspectiva, puedo ayudarte a encontrar el propósito de tu cuerno.

—Gracias por tu oferta, pequeño colibrí —dijo el narval—. Sí, me gustaría saber más sobre lo que se puede ver y descubrir de mi vocación. También me gustaría saber más sobre las flores y los colores. Nunca he experimentado nada como eso; solo he visto los colores blancos y negros.

Y sin aviso, como hacen los colibríes, ella voló hacia arriba, decidida a cumplir con la petición. Como magia... se había ido al nivel más alto del cielo.

CAPÍTULO 3

El narval esperaba pacientemente que el colibrí volviera. Jugaba en el agua, hacía círculos y ochos. Daba vueltas y más vueltas hasta que se agotó, y se quedó dormido verticalmente justo debajo de la superficie del agua.

Mientras flotaba erguido, el narval soñó que volaba en un campo de flores, tan dulces y coloridas, tal como el colibrí las había descrito. Y otros colibríes estaban zumbando a su alrededor. En su sueño, escuchó un poema.

'Respira y escucha cuidadosamente para que puedas oír el llamado. Pediste que tus deseos se hagan realidad. Despierta los sueños y síguelos. Mis alas agitarán tu corazón, y las estrellas iluminarán tu camino'.

El narval se despertó con un atisbo de esperanza y miró hacia el cielo. Para su deleite, pudo distinguir la silueta del colibrí flotando y zumbando unos centímetros sobre su cabeza.

—¡Has vuelto! —dijo el narval—. Me alegro de que hayas vuelto. ¿Por qué te fuiste?

—Fui a la parte mágica del cielo, donde las aves pueden volar y donde podemos recuperar mensajes para las criaturas terrestres —explicó el colibrí.

—¿Qué mensaje recuperaste del mundo del cielo? —preguntó el narval.

—El mensaje que te traigo es este —dijo el colibrí— Eres una criatura mágica. ¡Un unicornio del mar! Le traes color y alegría al mundo.

—¿Color? —respondió el narval con un toque de duda en su voz—. Soy blanco y negro y gris por todas partes, y como te dije, otros se burlan de mí por este largo y retorcido cuerno que estorba.

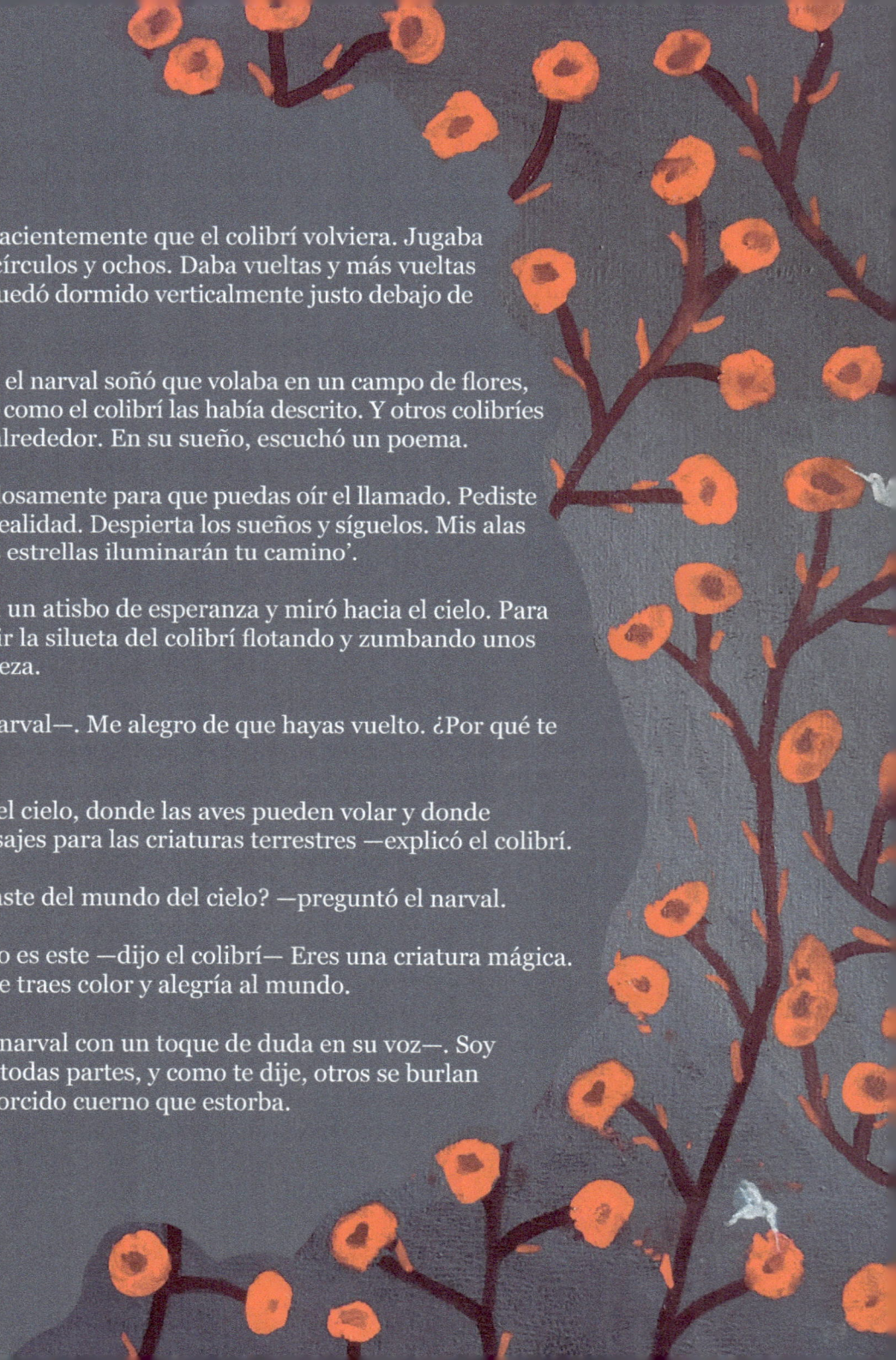

—¡Dilo en voz alta para que no desaparezca! —exclamó
el colibrí.

Así que el narval gritó y vibró al universo el mensaje
que recibió del colibrí:
—¡Soy un unicornio mágico del mar! Mi vocación
es apuntar mi cuerno al cielo de posibilidades y
compartir ¡el color y la alegría con el mundo!

Y en un instante, el poder de sus palabras comenzó a desplegar la magia ante sus ojos. Fue una de las cosas más sorprendentes que cualquiera de ellos –el narval y el colibrí– habían visto jamás.

Las estrellas comenzaron a disparar y llover patrones de luces efervescentes como cometas desde lo alto del cielo. Un tono verde-amarillo de color retroiluminado engulló la oscuridad de los cielos y se movió de lado a lado como una manta colgando. Y una luna creciente perfecta colgaba pacientemente, apuntando al centro.

El narval estaba tan emocionado con el espectáculo de luces que se elevó alto en el aire, moviendo la cola y agitando sus aletas. Con el movimiento, ¡el agua roció una chispeante luz fosforescente sobre las olas formando remolinos brillantes alrededor de ellos! Su cuerpo se iluminó con luces centelleantes, su cuerno comenzó a brillar como una aguja de oro y dijo:

—¡La magia está por todas partes!
¡He encontrado mi vocación!
¡Soy un unicornio del mar!

—¡Claro que sí! —dijo el colibrí animado—. Tu cuerpo centelleante y tu cuerno dorado son reales y sólo una muestra de lo que es posible cuando los deseos se hacen realidad. Tu deseo de compartir el color y la alegría con el mundo fue dicho en voz alta, y lo prometo, no sé cómo; pero encontrarás tu magia para ayudarte a cumplir tu llamado.

CAPÍTULO 4

Ahora unidos a través del propósito y la bondad, estos amigos opuestos e inseparables para siempre confiaron el uno en el otro para tener la comodidad y la seguridad de que no estaban solos. Durante muchos kilómetros a través de las aguas frías árticas, se ayudaron mutuamente.

Por la noche, viajaban bajo el manto de estrellas: la superficie del océano era su punto de encuentro. Junto con la puesta del sol y la salida de la luna, la línea del horizonte era la grieta entre sus mundos y se convirtió en el lugar donde podían compartir sus vidas y ahora un amor tan gigantesco que se extendió a sus dos mundos: arriba y bajo del horizonte.

No tenían miedo de viajar de noche porque compartían el poder de dos. Sabían que cuanto más oscura era la noche, más luminosas brillaban las estrellas.

Pero pronto, el colibrí se cansó mucho; sus alas temblaron, y ella ya no tenía energía para volar.

—Estoy perdiendo mi color y necesito el néctar de las flores para alimentarme y reponer mis alas —dijo el colibrí mientras su voz se desvanecía en susurros.

El narval, preocupado por su amiga, la puso sobre su gran cabeza, en la parte que permanece por encima de la superficie, para que pudiera respirar. Nadó, tan rápido como pudo, con sus aletas y su cola, para llegar a la tierra del néctar y ayudar a salvar a su amiga.

Era una perfecta mañana de verano, y el narval creía que había llegado a su destino.

—No estoy seguro, pero creo que finalmente llegamos a la tierra del néctar —le susurró a su amiga.

El narval pudo ver lo que le pareció un colorido campo de flores en la distancia, tal como el colibrí había descrito anteriormente. También recordaba los colores y las flores con las que había soñado. Se detuvo a tan sólo un cuerpo de ballena de la orilla, pero no podía salvar la brecha entre él mismo y la tierra para darle a su amiga, el colibrí, las flores que necesitaba para llenarse de energía.

El narval llamó, chasqueó y resonó, pero nadie respondió a su longitud de ondas. Los dos esperaron mucho tiempo a que llegara una respuesta. Salpicó su cola, esperó y esperó, pero... nada. Nadie respondió. Nadie apareció. Tal vez quien estuviera ahí fuera estaba demasiado lejos para escucharlo.

Entonces, de la nada, vio un pequeño animal. Nunca había visto a un perro antes, pero mientras miraba a la criatura correr, detenerse, luego correr de nuevo, asumió que el animal se estaba divirtiendo mientras corría por la orilla.

El perro se detuvo, se detuvo en seco, y giró la cabeza. Sus orejas agitadas. Comenzó a ladrar incesantemente al mar. El narval no estaba seguro de lo que significaban los sonidos, pero pensó:

«¿Parece que la pequeña criatura negra puede oír mis sonidos? Pero la criatura que camina en dos pies, no parece reaccionar».

Quien acompañaba al perro era una chica con botas amarillas que notó el ladrido de su peludo compañero. Aun así, ella no entendía lo que el perro estaba escuchando.

Así que decidió investigar.

La muchacha caminó hacia la dirección de los ladridos y vadeó en el agua para mirar más de cerca. Una prominente figura oscura estaba oculta ante ella, como un a sombra justo debajo de la superficie. El narval esperó a que se acercara, flotó y exhaló fuertes sonidos en las aguas poco profundas.

—¿Hola? —preguntó la humana—. ¿Quién eres?

—Soy un unicornio del mar, y como no tengo piernas, ¿serías tan amable de llevar a mi pequeña amiga, que se parece mucho a mí, a una flor con néctar? —preguntó el narval—. Necesita el néctar para recuperar su color y energía.

La niña se adentró con cuidado en las aguas poco profundas. Ahora podía distinguir una pequeña criatura sobre la cabeza del narval, apenas una mota de un ser muy parecido a un unicornio más pequeño.

—Este pequeño unicornio me encontró —explicó el narval—, cuando ambos estábamos perdidos y me ayudó a descubrir mi vocación, y ahora le estoy devolviendo el favor de la bondad.

Recogiendo al colibrí en sus manos, la niña caminó cuidadosamente por la rocosa orilla de Maine hasta un campo cercano de flores de colores. El perro la siguió, asegurándose de que el colibrí fuera trasladado sano y salvo.

Cuando la niña llegó al campo, vio una flor de forma perfecta. Se acercó a ella. Levantó suavemente al débil colibrí para que introdujera su larga nariz en la profunda trompeta de la flor, moldeada a la medida de su promesa en común. El colibrí sorbió y sorbió hasta que el néctar actuó en su interior como una poción mágica. Primero, sus ojos volvieron a brillar, y poco a poco, mientras el color infundía su cuerpo, sus alas revolotearon y luego se alzaron. Su cuerpo había despertado, ¡y estaba como nueva!

—¡Gracias! —exclamó el colibrí a la niña y al perro—. Gracias por acudir al llamado con su bondad.

El perro pateó el suelo, meneó la cola y ladró eufórico porque habían revivido al colibrí. La niña sonrió, contenta al darse cuenta de que, con la ayuda de su perro, ella también podía hacer un regalo de bondad.

CAPÍTULO 5

Con la recuperación de su color y el regreso de sus alas vibrantes, el colibrí flotaba y zumbaba hacia arriba, dejando a la servicial chica y a su perro, y voló a través del campo de flores hacia la orilla del mar donde el narval estaba esperando ansiosamente los detalles de sus aventuras en la tierra.

En el camino, reunió a todos sus amigos colibríes (llamados un encanto) del campo de flores, y volaron zumbando juntos como un enjambre, para encontrarse con el narval en la orilla.

Un encanto de colibríes es algo raro de ver, y el narval se asombró de cuántos amigos ella tenía y lo que podría suceder.

Volando juntos, sus diminutos cuerpos giraron y zumbaron alrededor del narval y trabajaron afanosamente tejiendo un abrigo colorido único. Transformaron todo el cuerpo del narval en un deslumbrante unicornio del mar, tal como él había deseado y pedido en voz alta.

Su cuerpo vibraba ahora con los colores del arcoíris y hasta con algunos colores más allá de lo imaginable.

—¡Viste, la magia sucede, y los deseos se hacen realidad! —dijo el colibrí cantando.

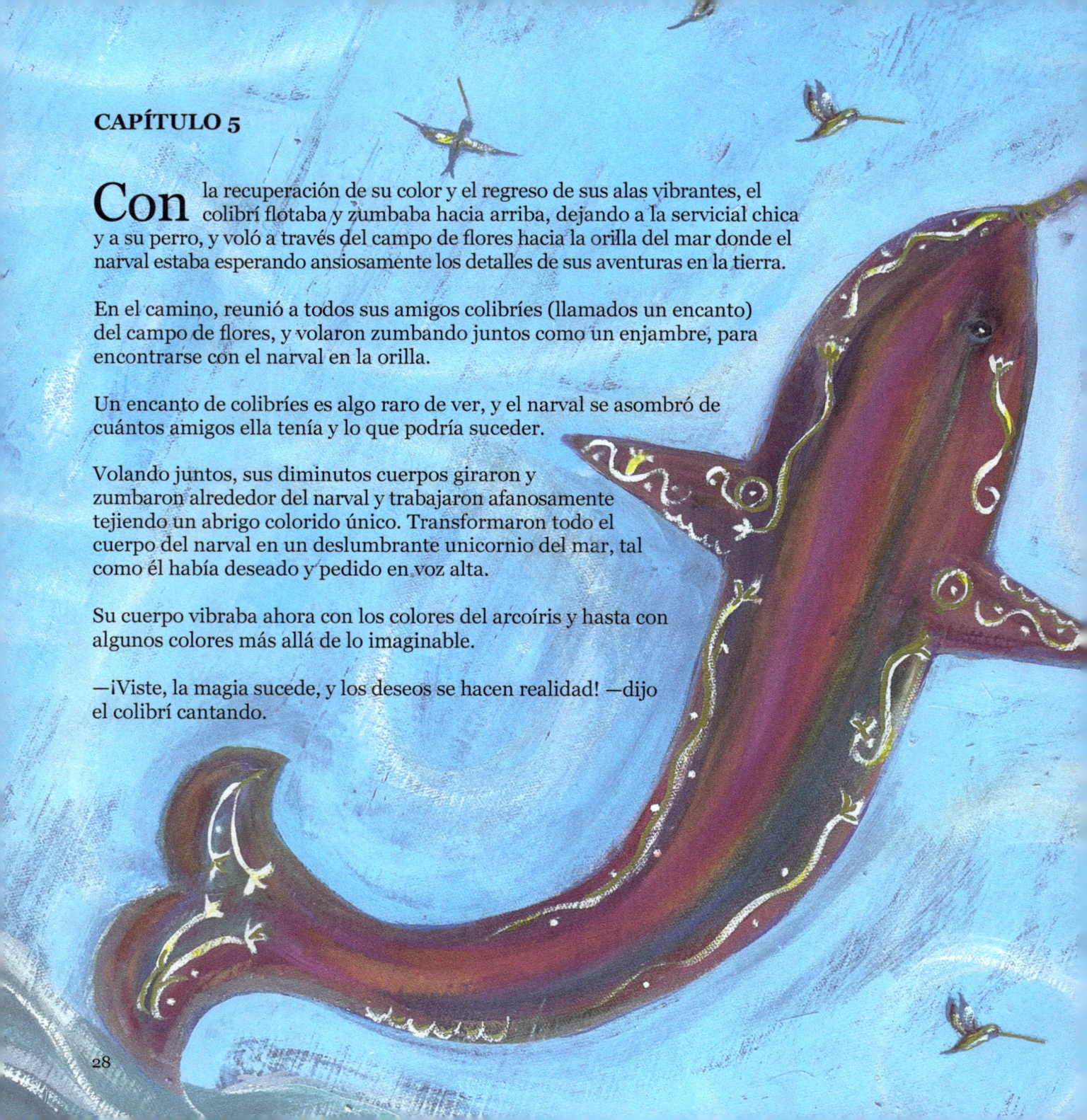

Y el narval gritó:

—¡Soy realmente un unicornio del mar! ¡Comparto color y alegría con el mundo! Tal como lo deseé y le pedí al universo.

Eufórico, ahora que tenía esta capa de color y su cuerno de oro, el narval agitó su colorida cola, las olas salpicaron hacia arriba, y fue un rocío de celebración. Así, el narval agradeció al encanto de colibríes por su regalo de color. Les deseó lo mejor mientras agitaban una despedida alada y desaparecían, volviendo a su vida en el campo de flores junto a la orilla.

—Te ves encantador —guiñó el colibrí—, pero veo un anhelo en tus ojos.

—¡Me encanta mi abrigo de colores! —dijo el narval—. ¡Gracias por compartir el encanto de los colibríes! Pero, echo de menos a mi familia, la bendición narval, y deseo volver al Ártico para encontrarlos.

El colibrí entendió el anhelo ya que había tenido la misma sensación perdida en el Ártico. El colibrí aceptó corresponder al regalo de bondad y ayudar al narval en su viaje de regreso. Las dos criaturas ocultas dejaron la orilla de Maine juntas, el narval buceando profundo bajo la superficie y el colibrí arriba, solo un puntito en el cielo; ambos se dirigieron en la misma dirección hacia el norte con el objetivo común de ayudar al narval a regresar a su bendición donde podría compartir su transformación.

Unos días y noches después, el colibrí y el narval llegaron al Círculo Ártico, donde el unicornio del mar se reunió con su bendición.

Toda su familia giró en círculos infinitos y nadó lado a lado, encantado s de verlo de nuevo. Y se sintió aliviado de estar de vuelta en casa. Y el pequeño colibrí girando y bailando en el cielo, celebrando la reunión.

La bendición de narvales gritó a coro:
—¡Bienvenidos a casa! ¡El que apunta al cielo! ¡Te extrañamos tanto! ¿Eres realmente tú? ¿Con esos colores brillantes y el cuerno de oro?

—¡Sí, soy yo aquí debajo! —contestó el narval con una sonrisa de satisfacción apareciendo en su rostro—. Mi querida bendición, ¡estoy tan contento de reunirme con todos ustedes! ¿Puedo presentarles a mi pequeña amiga, el colibrí? ¡El unicornio del cielo! Me ayudó a navegar de vuelta a ustedes con su vista de pájaro. Ella me mostró las flores, y su familia me sorprendió con un abrigo de muchos colores. ¡Descubrí que soy un unicornio del mar! Y, sobre todo, ella me enseñó que, con bondad y amistad, puede surgir todo tipo de magia.

La bendición admiraba el cuerno de oro del narval. Nadaban alrededor y en círculos, inspeccionando cada centímetro de su abrigo de muchos colores.

Un miembro de la bendición anunció:
—Este es un regalo increíble que el colibrí te ha dado. Ahora es el momento para que el colibrí reciba una bendición por ayudar a nuestro narval.

El colibrí voló hacia abajo y planeó sobre el círculo de narvales para recibir su honorable regalo... una bendición de la bendición de narvales.

La bendición nadó y nadó en círculos y, al hacerlo, creó un remolino de energía pura que se expandió por el aire hacia el cielo. La bendición invisible recorrió el cuerpo del colibrí como un perfume. Y luego, la energía se transformó en un arcoíris de colores brillantes que se arqueó en el cielo del Norte. El colibrí sintió la vibración y, por primera vez, ¡vio los colores que se expandían por todo el Ártico, transformando la tierra del blanco y negro en olas de color!

Todo lo que pudo decir fue:
—¡Gracias!—, ya que estaba abrumada por la bendición.

Los dos mejores amigos improbables permanecieron juntos durante unas semanas más en el Ártico, junto con la bendición. Se encontraban en la superficie zumbando y vibrando mensajes desde sus respectivos mundos.

Pero pronto, el colibrí instintivamente supo que era hora de regresar a la tierra del néctar en Maine para recargarse de nuevo. Tristemente, los dos amigos tendrían que ir por caminos separados.

Aceptando esta inminente separación, el unicornio del cielo y el unicornio del mar, se gritaron el uno al otro. Cantaron la canción de dos amigos mágicos que deben separarse. Fue agridulce.

Con preocupación en su voz, el narval preguntó:
—¿Cómo sabré que permaneceremos conectados?

Pensativamente, el colibrí respondió:
—Voy a seguir hablando contigo a través de las vibraciones de mis alas. Voy a hacer ondas en el mar y enviaré mensajes con buenos deseos a través del aire. Si los mensajes se convierten en un arco iris, sabrás que seguiré queriéndote con todo mi corazón.

—Estaré escuchando tus mensajes —contestó el narval—, y te contestaré. Escucha cuando estés callada, y oirás el eco de nuevo. Entonces sabrás que no estás sola.

Y mientras el pequeño colibrí volaba lejos, lejos el narval apuntó su cuerno de oro al cielo, e incluso a la distancia, cada uno podía sentir la fragancia de su amor que perduró durante mucho, mucho tiempo.

Esta es la primera edición en español de: *El colibrí y el narval*
un cuento ilustrado de Annie Higbee.

Publicado por Just2Be. La fuente utilizada fue Georgia Regular 11 pt.
El diseño gráfico fue realizado por Gabriela Díaz Arellano,
en Oaxaca, México.

Un agradecimiento especial a Belanie Dishong, de Houston, Texas
por entrenarme en el proceso.

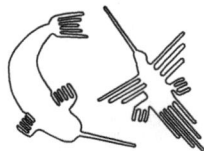

Por favor comparte el mensaje del libro:

**Respeto por el planeta tierra y sus habitantes. Escucha y
celebra la hermosura de cómo todos estamos conectados.**

www.ingramcontent.com/pod-product-compliance
Lightning Source LLC
Chambersburg PA
CBHW081259310326
41914CB00110B/902